AF260178

ŒUVRE DE PROPAGANDE RÉPUBLICAINE

WASHINGTON ET NAPOLÉON

ou

LA RÉPUBLIQUE ET LA MONARCHIE

EN PRÉSENCE

Par CRESPY-NOHER

BORDEAUX

IMPRIMERIE DE E.-M. CADORET, RUE DU TEMPLE, 12

1871

ŒUVRE DE PROPAGANDE RÉPUBLICAINE

WASHINGTON ET NAPOLÉON

ou

LA RÉPUBLIQUE ET LA MONARCHIE

EN PRÉSENCE

Par CRESPY-NOHER

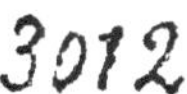

BORDEAUX

IMPRIMERIE DE P.-M. CADORET, RUE DU TEMPLE, 12

1871

CALENDRIER ROMAIN

pour l'année 1872.

1ᵉʳ TRIMESTRE. — HIVER.

	JANVIER	FÉVRIER	MARS
LUNDI	1 8 15 22 29	» 5 12 19 26	» 4 11 18 25
MARDI	2 9 16 23 30	» 6 13 20 27	» 5 12 19 26
MERCREDI	3 10 17 24 31	» 7 14 21 28	» 6 13 20 27
JEUDI	4 11 18 25 »	1 8 15 22 29	» 7 14 21 28
VENDREDI	5 12 19 26 »	2 9 16 23 »	1 8 15 22 29
SAMEDI	6 13 20 27 »	3 10 17 24 »	2 9 16 23 30
DIMANCHE	7 14 21 28 »	4 11 18 25 »	3 10 17 24 31

2ᵉ TRIMESTRE. — PRINTEMPS.

	AVRIL	MAI	JUIN
LUNDI	1 8 15 22 29	» 6 13 20 27	» 3 10 17 24
MARDI	2 9 16 23 30	» 7 14 21 28	» 4 11 18 25
MERCREDI	3 10 17 24 »	1 8 15 22 29	» 5 12 19 26
JEUDI	4 11 18 25 »	2 9 16 23 30	» 6 13 20 27
VENDREDI	5 12 19 26 »	3 10 17 24 31	» 7 14 21 28
SAMEDI	6 13 20 27 »	4 11 18 25 »	1 8 15 22 29
DIMANCHE	7 14 21 28 »	5 12 19 26 »	2 9 16 23 30

3ᵉ TRIMESTRE. — ÉTÉ.

	JUILLET	AOUT	SEPTEMBRE
LUNDI	1 8 15 22 29	» 5 12 19 26	2 9 16 23 30
MARDI	2 9 16 23 30	» 6 13 20 27	3 10 17 24 »
MERCREDI	3 10 17 24 31	» 7 14 21 28	4 11 18 25 »
JEUDI	4 11 18 25 »	1 8 15 22 29	5 12 19 26 »
VENDREDI	5 12 19 26 »	2 9 16 23 30	6 13 20 27 »
SAMEDI	6 13 20 27 »	3 10 17 24 31	7 14 21 28 »
DIMANCHE	7 14 21 28 »	4 11 18 25 1 S.	8 15 22 29 »

4ᵉ TRIMESTRE. — AUTOMNE.

	OCTOBRE	NOVEMBRE	DÉCEMBRE
LUNDI	» 7 14 21 28	» 4 11 18 25	2 9 16 23 30
MARDI	1 8 15 22 29	» 5 12 19 26	3 10 17 24 31
MERCREDI	2 9 16 23 30	» 6 13 20 27	4 11 18 25 »
JEUDI	3 10 17 24 31	» 7 14 21 28	5 12 19 26 »
VENDREDI	4 11 18 25 »	1 8 15 22 29	6 13 20 27 »
SAMEDI	5 12 19 26 »	2 9 16 23 30	7 14 21 28 »
DIMANCHE	6 13 20 27 »	3 10 17 24 1 D	8 15 22 29 »

CALENDRIER FRANÇAIS

EN USAGE EN FRANCE

du 22 septembre 1792 au 1ᵉʳ janvier 1806, c'est-à-dire pendant les treize années d'existence de la première République.

L'année républicaine comprend douze mois égaux de trente jours chacun. A ces douze mois viennent s'ajouter, dans les années ordinaires, cinq jours complémentaires, et six jours dans les années bissextiles, telles que 1872, 1876, 1880, 1884, 1888, etc.

1ᵉʳ TRIMESTRE. — AUTOMNE.

Vendémiaire,	du 22 septembre	au 22 octobre;
Brumaire,	du 22 octobre	au 21 novembre;
Frimaire,	du 21 novembre	au 21 décembre.

2e Trimestre. — HIVER.

Nivôse,	du 21 décembre	au 20 janvier;
Pluviôse,	du 20 janvier	au 19 février;
Ventôse,	du 19 février	au 20 mars.

3e Trimestre. — PRINTEMPS.

Germinal,	du 20 mars	au 19 avril;
Floréal,	du 19 avril	au 19 mai;
Prairial,	du 19 mai	au 18 juin.

4e Trimestre. — ÉTÉ.

Thermidor,	du 18 juin	au 18 juillet;
Messidor,	du 18 juillet	au 17 août;
Fructidor,	du 17 août	au 16 septembre.

JOURS COMPLÉMENTAIRES.

17, 18, 19, 20 et 21 septembre. — Ces jours de *fin d'année* étaient destinés aux fêtes nationales, aux inventaires commerciaux, aux règlements de compte.

Explication des noms des mois.

1. Vendémiaire, mois des *vendanges;* — 2. Brumaire, mois des *brouillards;* — 3. Frimaire, mois des *frimats;* — 4. Nivôse, mois des *neiges;* — 5. Pluviôse, mois des *pluies;* — 6. Ventôse, mois des *vents;* — 7. Germinal, mois des *germes;* — 8. Floréal, mois des *fleurs;* — 9. Prairial, mois des *prairies,* des *foins;* — 10. Thermidor, mois des fortes *chaleurs;* — 11. Messidor, mois des *moissons;* — Fructidor, mois des *fruits.*

MONNAIES FRANÇAISES

pouvant remplacer les poids et par conséquent pouvant servir à peser.

ARGENT

1 gramme	Pièce de 20 centimes.
5 grammes	Pièce de 1 franc.
10 grammes	Pièce de 2 francs.
25 grammes	Pièce de 5 francs.
1 hectogramme ...	4 Pièces de 5 francs.
500 grammes	20 Pièces de 5 francs.
1 kilogramme	40 Pièces de 5 francs.

CUIVRE

1 gramme	Pièce de 1 centime.
2 grammes	Pièce de 2 centimes.
5 grammes	Pièce de 5 centimes (1 sou).
10 grammes	Pièce de 10 centimes (2 sous).
1 hectogramme ...	20 Pièces de 5 centimes ou 10 Pièces de 10 centimes.
500 grammes	100 Pièces de 5 centimes ou 50 Pièces de 10 centimes.
1 kilogramme	200 Pièces de 5 centimes ou 100 Pièces de 10 centimes.

NAPOLÉON ET WASHINGTON

(PARALLÈLE)

Les États-Unis d'Amérique, autrement dits la grande République américaine, situés à l'opposite de la France, de l'autre côté de l'Atlantique, n'étaient, avant 1783, qu'une simple colonie anglaise. Aidés et protégés par la France, ils parvinrent alors à conquérir leur indépendance et à se constituer en corps de nation.

Se trouvant sans roi, sans princes et sans prétendants, ils n'en cherchèrent point.

Ils résolurent de vivre en République, c'est-à-dire de se gouverner eux-mêmes, de faire leurs lois eux-mêmes, d'en surveiller eux-mêmes et très-sévèrement l'exécution.

Et dans ce but les North-Américains nommèrent des législateurs, des représentants, qui rédigèrent une Constitution;

Et cette Constitution portait (et elle porte toujours depuis 1789) les principales dispositions suivantes :

I. Il y a un Congrès de représentants nommés par le peuple et élus pour trois ans.

II. Il y a un Sénat dont tous les membres sont également désignés par le peuple et pour trois ans.

III. Il y a un Président nommé par des délégués spéciaux choisis par le peuple et élu pour quatre ans.

Et le 4 novembre 1789 le peuple américain, après avoir invoqué Dieu, après avoir sérieusement réfléchi (le peuple américain ne fait rien à la légère) nomma pour la première fois son Président.

Et il choisit à l'unanimité des suffrages l'immortel Washington, ex-général en chef des armées de l'Indépendance.

Que pouvait Washington une fois élu Président? il pouvait tout. S'il avait été un ambitieux, s'il avait voulu un trône, s'il eût désiré une couronne, s'il eût convoité le pouvoir à vie, le pouvoir héréditaire, ses concitoyens ne lui eussent rien refusé; il le savait parfaitement.

Mais Washington était un honnête homme; Washington était un citoyen vertueux : grand et austère patriote, il aimait par-dessus tout son pays.

Il préféra le titre d'honnête homme à celui de César, à celui d'ambitieux, à celui de parjure, à celui de meurtrier de sa patrie.

Au lieu de ne penser qu'à lui et à sa famille, il ne pensa qu'à son pays.

Et il prêta serment à la République; devant Dieu et devant les hommes, il jura de lui être fidèle, de la protéger et de la défendre envers et contre tous, mais surtout contre lui-même.

Et Washington fut fidèle à son serment.

Et au bout de huit ans, la fin de sa deuxième présidence étant arrivée, il ne se cramponna point au pouvoir.

Et il se dit : La République vaut mieux que la Monarchie, que l'Empire, que la Royauté.

La République n'a pas, comme la Monarchie, de flatteurs à payer, de sangsues à gorger, d'aristocrates à amuser et à réengraisser, une armée innombrable de mouchards à payer.

J'ai prêté serment à la République, le moment est venu de le tenir, je le tiendrai.

J'ai donné ma parole d'honneur, je m'en souviendrai.

Et il fit procéder à l'élection de son successeur.

Et bientôt après il quitta l'hôtel de la Présidence.

Et il rentra dans la vie privée, conseillant au peuple américain d'oublier ses services, au moins pour quelque temps.

Et il se rendit immédiatement auprès de sa vieille mère, auprès de sa vieille mère qui avait quatre-vingt-trois ans.

Auprès de sa vieille mère, qui était une simple femme du peuple, qui habitait, je crois, un simple village.

Est-ce que vous ne trouvez pas cela beau, citoyens? Est-ce que la République n'est pas le plus magnifique des gouvernements?

De toutes parts : Si! si! si!

Et ce fut ainsi que Washington disparut tout à coup de la scène du monde, donnant à l'univers le plus bel exemple de vertu, de patriotisme et de désintéressement qui lui ait jamais été offert.

Et le peuple américain avait suivi le conseil de Washington; il avait obéi, lui aussi, à la Constitution.

Et il lui avait donné un successeur dans la personne de John Adams.

John Adams, deuxième Président de la République des États-Unis, imita la vertu et le désintéressement de Washington; il voulut être le digne successeur de Washington.

Comme lui, il fut fidèle à son serment : il avait juré sa parole d'honneur, prenant Dieu et les hommes comme témoins, et il s'en souvint.

Comme lui, au bout de quatre ans (il n'avait pas été réélu), il s'empressa d'obéir à la Constitution et de descendre du fauteuil présidentiel et de rentrer dans la vie privée.

Mais les Américains n'avaient pas oublié Washington.

On proposa à Washington d'être réélu une troisième fois, après un intervalle de quatre années.

Mais cette fois il refusa formellement, et il dit : « C'est assez ; que d'autres viennent s'apprendre » à leur tour ; que d'autres plus jeunes viennent » mettre la main au gouvernail : les honnêtes » gens, les grands patriotes ne sont pas rares aux » États-Unis, ils y foisonnent. »

Et il pria ses concitoyens de ne plus penser à lui, de l'oublier complètement désormais, de le laisser mourir en paix, loin du bruit et des grandeurs, de le laisser disparaître et s'ensevelir tout entier dans sa modestie, dans son désintéressement, dans sa vertu.

Et les Américains, respectant et admirant un tel homme, se rendirent à ses conseils, à ses raisons.

Et les Américains ne prononcent jamais ce grand nom qu'avec des larmes dans la voix et dans les yeux, larmes de piété et de reconnaissance, larmes bien douces que n'ont encore jamais versées des paupières françaises au souvenir de n'importe lequel parmi leurs souverains.

Et le nom de Washington est un nom béni dans le Nouveau-Monde, de l'autre côté de l'Océan.

A Washington et à John Adams succéda Jefferson, puis vinrent Madison, Jackson, Monroë, John Taylor, et ainsi de suite jusqu'à nos jours, jusqu'à Pierce, jusqu'à Lincoln, jusqu'à Grant, Président actuel.

Et, à leur tour, les Jefferson, les Madison, les Jackson, les Monroë suivirent le grand exemple donné par Washington et par John Adams.

Et ils furent fidèles à leur serment; et à l'expiration de leur présidence, ils s'empressèrent tous, les uns aussi bien que les autres, de quitter le fauteuil et de redevenir simples citoyens.

Et voilà des hommes qui peuvent s'appeler des hommes de bien, et qui font honneur à une nation.

Et voilà une nation qui comprend bien ses intérêts, qui sait bien faire ses affaires, qui sait bien choisir ses hommes et qui sait bien voter.

Washington et Jefferson, voilà pour tous les chefs de République des exemples à suivre.

Le peuple North-Américain, voilà pour tous les peuples civilisés un modèle à imiter.

Et n'allez pas croire, citoyens, que les États-Unis soient un tout petit peuple comme la Suisse, pauvre comme la Suisse, ne comptant comme la Suisse, notre voisine, que 2 à 3 millions d'habitants, n'ayant guère plus d'importance et d'étendue que notre Bretagne, notre Normandie et notre Bourgogne.

Le peuple North-Américain est le peuple le plus laborieux, le plus industrieux et le plus commerçant de l'univers.

Il couvre le monde de ses produits industriels ou agricoles, et les mers de ses vaisseaux.

C'est lui qui supplée, en grande partie, par ses blés, ses farines, à l'insuffisance de nos récoltes.

C'est lui qui nous a fourni des armes pour repousser et vaincre l'invasion.

Comme la France, les États-Unis comptent près de 40 millions d'habitants; leur population a fait comme leur richesse, elle a doublé depuis quarante ans; à la fin du siècle la République américaine comptera 100 millions d'habitants. Quel modèle! quelle alliée! quel appui pour France!

Et les North-Américains en sont aujourd'hui à leur dix-huitième Président.

Et tous les Présidents des États-Unis ont marché sur les traces de leurs deux premiers Présidents, Washington et John Adams.

Et ils ont tous été des hommes remarquables par le caractère, par la modestie, par la probité, par le désintéressement, par la fidélité au devoir, au serment prêté.

Et il n'y a jamais eu parmi eux, comme cela arrive continuellement dans les Monarchies, par suite de l'hérédité, ni mineurs, ni fous, ni infirmes, ni scélérats, ni imbéciles. Dieu réserve ces tristes présents aux fils et aux petits-fils des empereurs et des rois, ainsi qu'à leurs adorateurs et à leurs esclaves.

Aux États-Unis règne l'égalité la plus parfaite.

Chez eux il n'y a ni princes, ni marquis, ni ducs, ni comtes, ni barons: il n'y a que des sommités résultant des aptitudes, de l'activité, de l'intelligence et du travail; il n'y a que les inégalités résultant des défauts ou des vices des uns et des qualités ou des vertus des autres.

Que devait faire Louis-Napoléon Bonaparte, lu Président de la République française, et lui yant prêté serment solennel de fidélité?

Il devait, comme Washington, ne jamais oublier son serment, ne jamais l'enfreindre, ne jamais le fouler aux pieds.

Il devait ne pas faillir à son devoir.

C'était, du reste, son intérêt.

Si au lieu d'imiter son oncle, si au lieu d'imiter César, il eût imité Washington ;

Si au lieu de ne penser qu'à lui et à sa famille, à ses complices, il n'eût pensé qu'à la France ;

Si au lieu de chercher à se perpétuer au pouvoir, il eût obéi à la Constitution, à la loi, — à la Constitution qu'il avait juré d'observer et de prendre pour règle ;

Si au lieu de se cramponner au pouvoir, au fauteuil présidentiel, il se fût résigné à rentrer dans la vie privée au moment prescrit :

S'il avait eu le bon esprit de redevenir, pour quatre ans seulement, simple citoyen dans son pays ;

Si au lieu de manquer à son serment ; si au lieu de faire un coup d'État, qui fut un crime, il eût fait un acte de désintéressement qui eût été une vertu ;

Si au lieu d'imiter César et Napoléon Ier, il eût fait comme Washington et comme Franklin ;

Oh! alors les résultats eussent été bien différents pour lui et pour la France :

La Liberté, l'Égalité et la Fraternité, mises en pratique, se fussent peu à peu introduites dans les mœurs et dans les lois.

Une longue éclipse, une sombre nuit de vingt années n'eût pas obscurci le beau ciel de la France.

Les préjugés monarchiques ou antirépublicains se fussent dissipés peu à peu, et la République française eût dès lors été fondée à jamais ;

Et la France, calme et prospère, en serait aujourd'hui à son sixième Président.

Et la France, libre et heureuse, aurait été pour toujours à l'abri des révolutions, car la *périodicité des révolutions* aurait été définitivement remplacée par la périodicité des élections.

Et comme les États-Unis, elle couvrirait aujourd'hui les mers de ses vaisseaux, et tous les marchés de l'univers des produits de son sol, de ses vignobles, de son commerce, de son industrie.

Et la République, trahie et étouffée par lui, n'eût pas alors péri pour reparaître vingt ans plus tard.

Et le deuxième Bonaparte eût été un honnête homme et un grand citoyen au lieu d'être un parjure et un grand scélérat.

Premier Président de la deuxième République française, il eût été plusieurs fois élu et réélu de huit années en huit années.

Et au lieu d'aller mourir en exil, à Sainte-Hélène, à Cayenne ou ailleurs, frappé, comme son oncle, par la main de Dieu, il fût mort en France, à Paris, à Versailles, estimé, regretté, glorifié, respecté.

Au lieu de faire le malheur de la France, il en eût assuré le bonheur.

Au lieu d'en être la honte et l'opprobre, il en eût été la gloire et l'ornement.

Au lieu d'être le bourreau de sa patrie, il en eût été le sauveur.

Au lieu de laisser un nom maudit, il aurait laissé, comme Washington, comme Jefferson, une mémoire bénie de tous; et l'histoire, au lieu de l'appeler le *Fléau* de sa patrie, lui eût décerné, comme à Washington et à Franklin, le titre glorieux et infiniment précieux de *Bienfaiteur de l'humanité.*

Le 2 décembre 1851, le Président Bonaparte avait à choisir entre ces deux routes :

L'une conduisant à l'Estime, à la Reconnaissance et à la Gloire, en passant par l'Honneur, par la Sincérité et par le Devoir;

L'autre conduisant à la Honte, au Mépris et à l'Infamie, en passant par le Crime, le Parjure, le Déshonneur, le Mensonge, la Fourberie et l'Oubli de toutes les lois de la conscience.

C'est cette dernière voie qu'il a choisie, dans laquelle il a cru alors mieux faire de s'engager.

Comme son oncle il a préféré son intérêt particulier à celui de la France.

Comme César, comme son oncle, il a voulu être un homme funeste, néfaste, un homme de trop parmi ses concitoyens.

Donc honneur, gloire et reconnaissance à Washington!

Honte, haine et mépris aux deux Napoléon, mais surtout à Napoléon III.

Et voilà pourquoi, en voyant comment ont fini les présidences de Washington et de Jefferson, on est forcé de s'écrier : Que c'est beau, que c'est utile, une présidence!

Et voilà pourquoi aussi, en voyant comment a fini le consulat du premier Bonaparte, et comment a fini la présidence du second Bonaparte, on est forcé de s'écrier : Que c'est dangereux, que c'est pernicieux une présidence! mais surtout une présidence princière.

LA RÉPUBLIQUE

DES ÉTATS-UNIS D'AMÉRIQUE

AVEC SES DIX-HUIT PRÉSIDENTS

---

3 septembre 1783 : Traité de Paris. — Déclaration d'indépendance des États-Unis.

1783 à 1789 : Gouvernement provisoire. — Discussion et acceptation de la Constitution républicaine par les treize états formant alors l'Union.

1re Élection présidentielle.

4 mars 1789 : Élection et installation de Georges WASHINGTON, premier Président de la République américaine, élu à l'unanimité des suffrages.

John ADAMS, Vice-Président.

Principaux ministres : Jefferson, Hamilton, Knox. — Franklin, à Paris.

2e Élection présidentielle.

4 mars 1793 : Maintien de G. WASHINGTON à la présidence de la République et de John ADAMS à la vice-présidence.

Autre candidat à la vice-présidence : Georges Clinton.

3e Élection présidentielle.

4 mars 1797 : Washington refuse d'être élu Président de la République une troisième fois.

Installation de John ADAMS, deuxième Président de la République des États-Unis, élu en novembre 1796.

JEFFERSON, élu Vice-Président de la République. — Autres candidats : Thomas Pinckney, Aaron Burr.

Principaux ministres : Pinckney, Walcott, Mac-Henry, Ch. Lee.

4e Élection présidentielle.

4 mars 1801 : Installation de Thomas JEFFERSON, troisième Président de la République des États-Unis d'Amérique, élu en novembre 1800.

Autre candidat : John Adams, A. Burr.

Aaron BURR, élu Vice-Président de la République.

Principaux ministres : Madison, Gallatin, Smith, Lewis Lincoln.

5e Élection présidentielle.

4 mars 1805 : Maintien de Th. JEFFERSON à la présidence de la République (réélection du 5 novembre 1804).

Georges CLINTON, élu Vice-Président.

Autre candidat : Aaron Burr.

6e Élection présidentielle.

Jefferson imite Washington et refuse d'être élu une troisième fois Président de la République.

4 mars 1809 : Installation de MADISON, élu quatrième Président des États-Unis d'Amérique en novembre 1808.

Autres candidats : C. C. Pinckney, Rufus King.

Georges CLINTON, réélu Vice-Président.

Principaux ministres : R. Smith, P. Hamilton, A. Gallatin, C. Rodney.

7e Élection présidentielle.

4 mars 1813 : Maintien de MADISON à la présidence de la République (réélection du 5 novembre 1812).

Autre candidat à la présidence : Witt Clinton.

E. GERRY, élu Vice-Président.

Autre candidat : Jared Ingersoll.

8e Élection présidentielle.

4 mars 1817 : Installation de MONROË, cinquième Président de la République des États-Unis, élu en novembre 1816.

Autre candidat, Rufus King.

D. D. TOMPKINS, élu Vice-Président.

Principaux ministres : John Quincy Adams, W. H. Crawford, G. Calhoun, W. Witt.

9e Élection présidentielle.

4 mars 1821 : Maintien de MONROË à la présidence de la République, et de D. D. TOMPKINS à la vice-présidence.

10e Élection présidentielle.

Monroë imite l'exemple de Washington et de Jefferson et rentre dans la vie privée, refusant d'être élu une troisième fois Président de la République.

4 mars 1825 : Installation de John Quincy ADAMS, sixième Président de la République des États-Unis, élu en novembre 1824.

Autres candidats : H. Crawford, H. Clay, Jackson.

John CALHOUN, élu Vice-Président.

Principaux ministres : H. Clay, R. Rush, J. Barbour, Sam. Southard, W. Wirt.

11e Élection présidentielle.

4 mars 1829 : Installation de Andrew JACKSON, septième Président des États-Unis d'Amérique, élu le 5 novembre 1828.

Autre candidat : John Quincy Adams.

John CALHOUN, réélu Vice-Président.

Autre candidat : Richard Rush.

Principaux ministres : Van Buren, D. Ingham, John Eaton.

12e Élection présidentielle.

4 mars 1833 : Maintien de JACKSON à la présidence de la République des États-Unis (réélection du 5 novembre 1832).

Autres candidats : H. Clay, John Floyd, W. Wirt.

VAN BUREN, élu Vice-Président.

Principaux ministres : Ed. Livingston, L. Mac-Lane, Lewis Cass.

13e Élection présidentielle.

4 mars 1837 : Installation de VAN BUREN, huitième Président de la République des États-Unis, élu le 5 novembre 1836.

Autres candidats : W. H. Harisson, Withe, D. Webster, Wellée Mangum.

R. M. JOHNSON, élu Vice-Président.

Autres candidats : Francis Granger, John Tyler, W. Smith.

Principaux ministres : J. Forsyth, Butler.

14e Élection présidentielle.

4 mars 1841 : Installation de HARRISSON, neuvième Président de la République des États-Unis, élu en novembre 1840.

Autre candidat : Van Buren.

John TYLER, élu Vice-Président.

Autres candidats : R. M. Johnson, Tazewell, James, K. Polk.

Principaux ministres : John Bell, Fr. Granger, J. J. Crittenden.

———

4 avril 1841 : Mort du Président Harrisson. — Installation de JOHN TYLER, Président intérimaire, dixième Président de la République américaine.

Principaux ministres : Webster, J. Calhoun, John Mason.

15e Élection présidentielle.

4 mars 1845 : Installation de POLK, onzième Président de la République des États-Unis, élu en novembre 1844.

Dallas, élu Vice-Président.

Autre candidat : Frelinguysen.

Principaux ministres : Buchanan, R. Walker, Bancroft, Cave Johnson, Mason.

16e Élection présidentielle.

4 mars 1849 : Installation de TAYLOR, douzième Président de la grande République américaine, élu en novembre 1848.

Autres candidats : Van Buren, Cass.

FILLMORE, élu Vice-Président.

Autres candidats : Francis Adam, Butler.

———

9 juillet 1850 : Mort du Président Taylor.

FILLMORE, Président intérimaire, treizième Président des États-Unis d'Amérique.

Principaux ministres : Webster, Th. Corwin, Alb. Stuart, Graham, Hale, Crittenden.

17e Élection présidentielle.

4 mars 1853 : Installation de PIERCE, quatorzième Président des États-Unis, élu le 5 novembre 1852.

Autres candidats : Scott, Hale.

KING, élu à la vice-présidence.

Principaux ministres : Marcy, Jefferson-Davis, Mac-Clelland, B. Campbell, Buchanan, Mason.

18e Élection présidentielle.

4 mars 1857 : Installation de BUCHANAN, quinzième Président de la République des États-Unis, élu en novembre 1856.

Antres candidats : Frémont, Fillmore.

BUCKINRIDGE, élu Vice-Président.

Principaux ministres : Lewis Cass, Howel Cobb, Thompson, Black, Brown.

19e Élection présidentielle.

4 mars 1861 : Installation de Abraham LINCOLN, seizième Président de la grande République des États-Unis d'Amérique, élu en novembre 1860.

Autres candidats : Bell, Douglas, Buckinridge.

Hannibal HAMLIN, élu à la vice-présidence.

Autres candidats : Cassius Clay, Bancks.

Principaux ministres : Seward, Cameron, Chase, Salmon, Caleb Smith, Blair, Stanton.

20ᵉ Élection présidentielle.

4 mars 1865 : Maintien d'Abraham LINCOLN, seizième Président de la République des États-Unis, réélu le 5 novembre 1864.

Autres candidats : Mac-Clellan.

JOHNSON, élu à la vice-présidence.

Autres candidats : Mac-Dowel. . . . . : . . .

14 avril 1865 : Assassinat de Abraham LINCOLN, par X. Booth, conservateur-esclavagiste. — A. JOHNSON, Président intérimaire, dix-septième Président des États-Unis d'Amérique.

Principaux ministres : . . . .

21ᵉ Élection présidentielle.

4 mars 1869 : Installation de GRANT, dix-huitième Président de la grande République américaine, élu en novembre 1868. . . . .

Autres candidats : Johnson. . . . .

SCHULLER COLFAX, élu à la vice-présidence.

Autres candidats : . . . .

Principaux ministres : . . . .

———

Parmi les dix-huit représentants de la grande République américaine :

Six ont été réélus : Washington, Jefferson, Madison, Monroë, Jackson, Lincoln.

Douze n'ont pas été réélus : John Adams, Quincy Adams, Van Buren, Harrisson, Tyler, Polk, Taylor, Fillmore, Pierce, Buchanan, Johnson, Grant.

IL FAUT EXPÉRIMENTER LOYALEMENT LA RÉPUBLIQUE!

Tel est le cri général parmi les monarchistes.

Mais s'il y en a parmi eux qui veulent tenter l'expérience loyalement, il est juste de dire que le plus grand nombre ne s'en soucie guère, au risque d'exposer la France à de nouvelles révolutions, et de voir encore revenir la République, qui fait comme le Phénix, qui renaît toujours de ses cendres après une éclipse de vingt années.

Or, à quelle condition la République aura-t-elle été loyalement expérimentée?

C'est ce qu'il faut dire. C'est surtout ce que le peuple français doit savoir, car c'est lui qui paie les frais de révolutions, et il est bon qu'éclairé par l'expérience, il les empêche de se reproduire continuellement sur ce beau sol de la France, où tant de débris jonchent la terre présentement.

Pour que la République ait été loyalement expérimentée il faut :

1° Que l'expérience soit faite par des républicains;

2° Que l'expérience ait duré vingt ans;

3° Qu'aucun prince, fils de roi, membre d'une dynastie quelconque, n'ait été nommé à la présidence de la République.

Vouloir faire faire l'expérience par les ennemis de la République, c'est décréter que le navire sera conduit à la côte, aux écueils, c'est agir déloyalement alors que la Monarchie a eu mille ans pour faire ses preuves et qu'elle n'a employé à cette œuvre que des monarchistes; c'est refuser le temps nécessaire, c'est avouer que la République vaut mieux que la Monarchie, c'est refuser l'expérience loyale.

Vouloir faire élire un prince fils d'empereur ou de roi à la présidence de la République française c'est éveiller tous les soupçons, mettre en branle toutes les défiances, réveiller toutes les espérances et toutes les convoitises coupables; c'est déclarer qu'on veut rendre l'expérience impossible et qu'en cas d'insuccès tout sera à recommencer.

Après quatre élections présidentielles la France aura eu à juger ce qui vaut mieux ou de la *présidence élective* ou de la *présidence héréditaire,* c'est-à-dire de la *République* ou de la Monarchie.

Donc l'expérience aura été suffisante, loyale, complète, lors seulement que la République aura duré vingt ans, que toujours un simple citoyen comme Thiers, Jules Favre, J. Simon, A. Gent, Gambetta, Carnot, Grévy, Bethmont, Pelletan, etc., aura été élu Président, et que le gouvernail aura été confié pendant le même laps de temps à des mains républicaines. Tout autre essai serait considéré par les républicains comme nul et non avenu.

Cette expérience de la République en France aura été suffisante, sincère, loyale, lorsque le document américain qui précède aura suffisamment servi de modèle à la France, et que l'auteur de la présente brochure aura pu continuer son travail comme suit :

RÉPUBLIQUE FRANÇAISE

1re Élection présidentielle.

4 mars 1871 : Installation du citoyen THIERS, élu premier Président de la troisième République française.
Autres candidats : Gambetta, Grévy, Ledru-Rollin.

2e Élection présidentielle.

4 mars 1872 : Installation du citoyen Léon GAMBETTA, deuxième Président de la République française.
Autres candidats : Thiers, Dufaure, Louis Blanc, Victor Hugo, Marc Dufraisse.

3e Élection présidentielle.

4 mars 1876 : Élection de LEDRU-ROLLIN, troisième Président de la République française.
Autres candidats : C. Périer, Baze, etc.

4ᵉ Élection présidentielle.

4 mars 1880 : Élection de Victor HUGO, quatrième Président de la République française.

Autres candidat. : Keller, Duvergier, Chanzy, P. Duprat.

5ᵉ Élection présidentielle.

4 mars 1884 : Élection de J. GRÉVY, cinquième Président de la République française.

Autres candidats : Carnot, A. Gent, Esquiros, Ferry.

CONSEILS AUX PRINCES ET AUX ROIS

Princes, soyez capables d'une bonne action.

Il est possible que vous ayez besoin des peuples, mais les peuples n'ont nul besoin de vous.

Sans vous les peuples vivraient en paix, en frères, au lieu de s'entre-détruire comme des bêtes féroces.

Sans vous ils se gouverneraient partout en paix, comme aux États-Unis d'Amérique, dans l'union et la concorde, au milieu de la paix et de l'abondance, sans luxe, sans folles dépenses, sans corrupteurs et sans corrompus, sans courtisans et sans sangsues publiques.

Ne dites donc plus, en affectant un faux patriotisme doublé d'un faux désintéressement : *Si la France m'impose des devoirs je saurai les remplir,* car parler ainsi c'est parler en ambitieux, c'est soulever des tempêtes, c'est provoquer à la sédition et à l'intrigue toutes les âmes vénales, c'est rouvrir l'ère des révolutions.

Ne vous posez plus en sauveurs des nations : les peuples seuls sont assez forts et assez puissants pour se sauver eux-mêmes : les prétendus sauveurs de la France n'en ont jamais été que les assassins, que les bourreaux.

O Princes! soyez francs désormais, mais surtout soyez bons citoyens; montrez-vous désintéressés et faites publiquement la déclaration suivante :

« Le pouvoir héréditaire a fait son temps, nous le re-
» connaissons; puisqu'il ne sert que nos intérêts, puisqu'il
» est contraire à l'intérêt des peuples, puisqu'il est devenu
» au sein des nations la pomme de discorde, nous en
» faisons le sacrifice, nous y renonçons à jamais.

« A partir de ce jour nous invitons nos partisans à ne
» plus s'occuper que de la France, que de l'intérêt gé-
» néral, et à mettre complètement de côté les intérêts
» de notre famille et de nos personnes. »

Ah! si Pie IX avait suivi ce conseil dès 1860, qu'il eût sagement et prudemment agi! il aurait aujourd'hui le mérite de s'être volontairement dépouillé et il se serait fait bien grand devant Dieu et devant les hommes.

Rois détrônés ou bien près de l'être, princes qui osez encore, par ambition, prétendre à une couronne, cessez d'attiser la discorde parmi les hommes en cherchant asseoir votre orgueil sur le malheur des nations, assez insensées pour s'intéresser à vous et à attendre de vous quelques services.

Au lieu de vivre dans les transes, environnés de cent-gardes, que ne préférez-vous vivre en paix, en simples particuliers, à l'abri de toute crainte, aimés, estimés, honorés de tous!

Allons, princes, un bon mouvement, et la France sera réellement sauvée, réellement heureuse, et vous aussi. Cessez, cessez de vous tenir orgueilleusement à sa disposition.

AVANTAGES DE LA RÉPUBLIQUE

SUR LA MONARCHIE

I. — La République n'a pas besoin de liste civile; elle n'a à doter ni roi, ni empereur, ni princes du sang; elle peut donc appliquer à l'utilité publique, au bien général toutes ses ressources, notamment les revenus des palais et les châteaux, ordinairement abandonnés aux proches parents du monarque.

C'est une économie de 40 millions par année;

Et 40 millions par année c'est le douzième du produit de l'impôt foncier annuel de toute la France.

Une seule famille avec ses courtisans a donc dépensé tous les douze ans le revenu foncier de la France!

Et dire que cela dure en France depuis plus de quinze cents ans!

Un Président de la République coûtera donc quatre-vingt fois moins, son traitement étant au plus de 500,000 fr.

II. — La République avec sa présidence élective d'une durée aussi courte que possible est presque inabordable aux flatteurs et aux courtisans.

Le moment de sa retraite étant arrivé, le Président de la République, au bout de trois ans, entraînerait avec lui la chute de tous ses flatteurs et de toutes les sangsues publiques, s'il avait été assez malheureux pour laisser grouper autour de lui une pareille vermine, ce qui n'est encore arrivé à aucun des dix-huit Présidents de la République américaine.

Avec le nouveau Président arrivent inévitablement des hommes nouveaux, pleins d'ardeur, qui ne peuvent que remplacer avantageusement les hommes incapables ou usés par un trop long service. Si le mal a le temps de se produire, au moins il n'a pas le temps de prendre racine. En rentrant dans la vie privée l'ex-Président cesse immédiatement d'être le protecteur de qui que ce soit; tout ce qu'il y avait de regrettable, de défectueux dans le personnel administratif disparaît subitement, et le favoritisme républicain devient chose absolument impossible.

Bien au contraire, la mort d'un monarque ou d'un président héréditaire ne change rien à la situation; les courtisans du père deviennent inévitablement les serviteurs, c'est-à-dire les courtisans du fils, habitué à leurs flagorneries et élevé par eux, et les sangsues publiques continuent ainsi tranquillement leur funeste besogne, au grand scandale des plus intelligents parmi les citoyens honnêtes, indignés de voir absorber à qui mieux mieux l'argent et les ressources du pays.

III. — *L'aristocratie* est une pépinière de courtisans; elle vit de priviléges. C'est de son sein que sont tirés tous les hauts dignitaires de la Monarchie. Donc rien d'étonnant qu'elle préfère la Monarchie et qu'elle travaille avec la plus grande ardeur à son rétablissement.

Quant à la *démocratie,* qui n'ambitionne pour ses fils ni dignités ni emplois; qui les destine tous à un travail manuel aux champs ou à l'atelier, qui a par conséquent des intérêts contraires à ceux de l'aristocratie, son devoir comme son intérêt est bien différent, elle préfère et elle doit préférer la République, gouvernement de tous par tous et pour tous; — elle comprend qu'elle doit la maintenir et la protéger à tout prix contre les intrigues, les mensonges et toutes les perfides inventions des royalistes.

IV. — En France tous sont d'accord sur un point : « Il ne faut plus de révolutions, » il faut mettre un terme aux révolutions, tous sont las des révolutions.

Or, comment mettre un terme aux révolutions? ou plutôt quelle est la cause des révolutions? La République ou la Monarchie?

Est-ce à la suite de la République ou de la Monarchie que se sont toujours produites les révolutions?

Ordinairement, en France surtout, les Monarchies périssent par les révolutions, c'est-à-dire par les colères des gouvernés soulevées contre les gouvernants.

Les Républiques, au contraire, périssent par les coups d'État, c'est-à-dire par l'orgueil et l'ambition d'un seul homme, ce qui n'est point une condamnation.

Sans le premier Bonaparte, la première République, blessée grièvement au 18 brumaire, n'eût pas succombé cinq ans plus tard pour faire place au premier empire;

Sans le deuxième Bonaparte, la deuxième République, confiée à la loyauté d'un prince sans loyauté, n'eût pas été étouffée par lui, sous des baisers perfides trois ans après, et remplacée par le deuxième empire qui ne fut que honte, corruption, mensonge et dilapidation.

La France donc en est à sa quatrième révolution. Il est dans la nature humaine de se lasser de l'uniformité, d'aimer le changement.

Or, pourquoi vouloir agir contrairement aux lois de la nature?

La Monarchie avec le pouvoir à vie et l'hérédité c'est l'uniformité, l'immobilité, c'est l'abus, c'est la vieillesse, c'est la caducité, la désorganisation, la décomposition au bout de très-peu de temps.

La plupart des rois commencent bien, leurs intentions peuvent être plus ou moins droites, plus ou moins bonnes, mais tous ou presque tous finissent mal. Il est dans leur situation de commettre des fautes, d'en commettre d'autant plus qu'ils peuvent les commettre impunément.

Sur *soixante-dix-huit* rois, c'est à peine si la France en compte dix bons, et elle compte plus de cinquante rois, soit mauvais, soit parfaitement nuls.

Sur dix-huit Présidents, les États-Unis d'Amérique n'en comptent aucun qui se soit montré au-dessous de sa tâche, qui n'ait pas été bon serviteur de l'État; sur dix-huit Présidents, six ont été réélus. Leur solide vertu, c'est-à-dire leur patriotisme et leur désintéressement, leur a interdit le pouvoir à vie, et leur patrie aujourd'hui, parfaitement gouvernée et organisée en République, leur est reconnaissante de leur dévoûment, et elle les honore et les glorifie comme ses plus grands bienfaiteurs.

La Monarchie donc c'est l'immobilité, c'est la vieillesse, c'est la caducité, c'est le marasme. La République, au contraire, c'est le mouvement, c'est la vie; c'est le changement régulier, c'est la révolution ordonnée, régularisée, c'est le renouvellement sagement mesuré de tous les pouvoirs; ce qui les fait toujours forts, toujours jeunes, toujours considérés, respectés.

Dans quelle commune, dans quel département consentirait-on à avoir un maire héréditaire, un préfet héréditaire un maire à vie, un préfet à vie, autour desquels viendraient se grouper une foule d'insolents protégés, provoquant continuellement à la désaffection et à la révolte?

Certes on serait bientôt las d'une pareille situation, et

chaque commune ou chaque département serait avant dix ans le théâtre d'une révolution !

Pourquoi dès lors vouloir imposer à la France un supplice qu'aucune commune en particulier ne pourrait supporter?

Lorsqu'un maire est bon on le maintient; quand il est mauvais on le change.

Pourquoi n'en serait-il pas ainsi d'un chef d'État?

La République n'est pas seulement le seul gouvernement digne des peuples majeurs, c'est-à-dire des peuples instruits et mûrs pour la liberté; la République est encore le seul gouvernement qui convienne aux peuples trop divisés, qui comptent dans leur sein plusieurs partis, plusieurs dynasties rivales.

La France a deux motifs, deux intérêts qui lui conseillent impérieusement de se constituer définitivement en République, de maintenir la République :

1° La force toujours croissante du parti républicain qui domine dans toutes les villes et dans tous les cantons suburbains, au point d'y réunir la presque unanimité, plus des trois quarts des voix, ce qui prouve que la République en France a pour elle au moins la partie la plus éclairée de la population.

2° L'existence de deux ou trois dynasties rivales correspondant à trois intérêts opposés, incapables de se faire la moindre concession :

La dynastie d'*Henri V,* personnifiant les intérêts de la noblesse et du clergé.

La dynastie des d'*Orléans,* personnifiant principalement les intérêts de la bourgeoisie.

La dynastie des Bonaparte, personnifiant le césarisme, c'est-à-dire la corruption, la tyrannie, la ruine, l'étouffement et l'abrutissement du pays, au moyen d'une nombreuse garde prétorienne devenue le principal appui d'un gouvernement détestable et détesté.

La République est donc, de gré ou de force, le gouvernement définitif de la France, de la France comprenant bien son intérêt, ou se trouvant dans l'impossibilité d'agir autrement.

« La République est le gouvernement qui nous divise
» le moins, » a dit M. Thiers.

« La République est un terrain neutre sur lequel tous
» les partis peuvent s'entendre et se donner la main pour
» le bien du pays, » a dit le deuxième Bonaparte, en un de ces jours rares où la vérité s'imposait à lui et lui arrachait des aveux.

En effet, la République étant impersonnelle, quel Français peut loyalement lui refuser son concours? Servir la République, défendre la République, c'est servir, c'est défendre la France, c'est mettre la France au-dessus de tout dans ses affections.

Mais servir un prince quelconque, une famille quelconque, une dynastie quelconque, s'attacher à un prince quelconque, c'est mettre l'intérêt de ce prince au-dessus de l'intérêt de la France.

Si bien qu'un bourbonnien convaincu se refusera toujours à servir la France sous le règne d'un Bonaparte;

Et qu'un napoléonien convaincu se refusera également à servir la France sous le règne d'un Bourbon.

En Monarchie l'intérêt du prince et de sa dynastie prime l'intérêt de la Nation.

En République, où il n'y a que des citoyens égaux en droits, l'intérêt du peuple est la suprême loi, et l'intérêt général prime n'importe quel intérêt particulier, ce qui est conforme à la justice et à la raison.

Au lieu de flotter continuellement de la République à la Monarchie et de la Monarchie à la République, comme elle le fait depuis quatre-vingts ans, la France fera d'autant plus sagement de se fixer et de se constituer définitivement en République, que la Monarchie, chez elle, est devenue chose tout à fait impossible et synonyme de révolution.

La Monarchie en France n'a donc plus aucune chance de succès.

En rétablissant la Monarchie on verrait bientôt renaître tous les abus inhérents à la Monarchie et surgir comme par le passé mille brandons de discorde.

Conclusion. — Puisque la République existe, la France, au nom de ses plus chers intérêts, doit la maintenir, et elle la maintiendra, malgré tous les jésuites, malgré tous les corrompus et malgré tous les ignares.

LA FRANCE

AVEC SES ESSAIS INUTILES ET DÉSASTREUX

DE RESTAURATION MONARCHIQUE

à partir de la même époque (1789)

14 juillet 1789 : Prise de la Bastille. — Commencement de la RÉVOLUTION française. — Fin du pouvoir absolu et de l'ANCIEN RÉGIME, abolition des PRIVILÉGES de la noblesse et du clergé. — Proclamation des droits de l'homme et du citoyen.

Opposition de la cour et du clergé. — Émigration d'une portion de la noblesse et du clergé en Allemagne.

20 avril 1792 : Les rois de l'Europe prennent en mains la cause du roi de France et de l'ancien régime.

Fuite du roi pour l'émigration ; son arrestation à Varennes.

Août 1792 : Première INVASION PRUSSIENNE.

21 septembre 1792 : Abolition de la MONARCHIE, proclamation de la RÉPUBLIQUE.

21 janvier 1793 : Mort de Louis XVI sur l'échafaud, pour crime de haute trahison, coupable d'avoir appelé l'ennemi sur le territoire et d'avoir entretenu des intelligences avec lui.

10 novembre 1799 : Coup d'État du 18 brumaire. La République menacée par Bonaparte au profit de son ambition. — Bonaparte se fait nommer consul pour dix ans, puis consul à vie.

2 décembre 1804 : Assassinat et FIN de la première République. — Retour à la Monarchie. — Napoléon, empereur.

1er janvier 1814 : Deuxième INVASION PRUSSIENNE.

16 août 1814 : Abdication de Napoléon. — Retour à la MONARCHIE ROYALE. — Louis XVIII, roi de France.

20 mars 1815 : Rentrée de Bonaparte. — Retour à la MONARCHIE IMPÉRIALE.

20 juin 1815 : Troisième INVASION PRUSSIENNE.

5 juillet 1815 : Retour à la MONARCHIE ROYALE.— Rentrée de Louis XVIII.

4 septembre 1824 : Avénement de Charles X.

26 juillet : Coup d'État de Charles X pour le rétablissement en France de l'ANCIEN RÉGIME.

27, 28, 29 juillet : RÉVOLUTION dite de 1830.—Louis-Philippe, roi. — Charles X et sa famille partent pour l'exil.

22 février 1848 : Banquets réformistes à Paris. — Le roi et les ministres refusent les réformes et veulent empêcher les banquets.

24 février 1848 : RÉVOLUTION dite de 1848. — Abolition de la MONARCHIE. — Proclamation de la deuxième RÉPUBLIQUE.

10 décembre 1848 : L. Bonaparte élu Président de la deuxième République française.

20 décembre 1848 : Prestation de serment de L. Bonaparte devant les représentants de la Nation.

2 décembre 1851 : ASSASSINAT de la deuxième République française par le deuxième Bonaparte, qui se fait nommer pour dix ans. — Il veut *sauver*, dit-il, la République.

7 octobre 1851 : Discours de Bordeaux : L'EMPIRE C'EST LA PAIX.

20 décembre 1852 : FIN de la République, sauvée par Bonaparte un an auparavant. — Rétablissement de la MONARCHIE IMPÉRIALE. — Napoléon III, empereur.

8 mai 1870 : Plébiscite. — Voter *oui*, c'est la paix; voter *non*, c'est la guerre.

Oui : 6,500,000.
Non : 1,750,000.

20 juillet 1870 : Folle déclaration de guerre à la Prusse, *qui était prête*, par Napoléon III, *qui ne l'était pas.*

6 août 1870 : Quatrième INVASION PRUSSIENNE.

1er septembre 1870 : Capitulation de Sedan.

4 septembre 1870 : RÉVOLUTION dite du 4 septembre, à Paris, à Lyon, à Marseille, à Bordeaux, à Nantes, à Toulouse, à Saint-Étienne, à Lille, etc. — Abolition de la MONARCHIE. — Proclamation de la troisième RÉPUBLIQUE.

Vive la République! c'est-à-dire *Vive la France! et plus de princes, de dynasties et de révolutions!*

RÉORGANISATION MILITAIRE DE LA FRANCE RÉPUBLICAINE

SE BORNANT A LA DÉFENSIVE

PROJET DE LOI

L'Assemblée nationale décrète :

1° Le remplacement militaire est aboli.

2° En France, tout citoyen valide est soldat, et tout soldat est citoyen.

3° Chaque citoyen possède, comme en Suisse, une arme à domicile pour la défense de la patrie et de la République.

4° De 10 à 15 ans il y a, par les soins de l'instituteur, exercice dans toutes les écoles, pendant les récréations.

5° De 15 à 18 ans, il y a exercice tous les dimanches, au chef-lieu de la commune, par les soins d'un instructeur recevant de la commune 200 fr. par année.

6° De 18 à 20 ans, il y a exercice tous les dimanches au chef-lieu de la commune, et une fois par mois au chef-lieu de canton.

7° De 20 à 21 ans, chaque citoyen est incorporé pour neuf mois dans l'armée active, qui ne comprend qu'une seule classe.

8° De 22 à 23 ans, deux mois de présence sous les drapeaux.

9° De 23 à 25 ans, un mois seulement de présence sous les armes, pour continuer les grandes manœuvres dans les camps.

10° La Nation armée est partagée en quatre bans :

Premier ban : De 18 à 25 ans, armée active.

Deuxième ban : De 25 à 35 ans, garde mobile.

Troisième ban : De 35 à 45 ans, garde sédentaire.

Quatrième ban : De 45 à 55 ans, garde sédentaire.

11° Les régiments seront recrutés par régions, comme en Prusse, de façon à rendre possible les formations ins-antanées des régiments et des corps d'armée.

12° Il y a au chef-lieu de chaque canton, pour les armes spéciales :

1° Une demi-batterie d'artillerie ;

2° Cinquante chevaux pour les exercices de cavalerie.

Les élections du 8 février ont-elles été des élections libres ?

Les monarchistes disent *oui,* MM. de Sabran, de Carayon-itour, Decazes, Thiers et Johnston disent *oui* et pour use.

Quant aux républicains, ils disent *oui* et *non* et ils le ouvent.

Si l'on veut dire que le Gouvernement de la Défense nationale a été loyal, qu'il a laissé les électeurs parfaitement libres d'élire qui bon leur a semblé, qu'il n'a cherché à exercer aucune pression sur le corps électoral, que le vote s'est accompli avec le plus grand ordre et la plus grande liberté, certainement, à ce point de vue important, les élections du 8 février ont été des élections libres, parfaitement libres, aussi libres qu'en avril et en mai 1848, alors que, comme en février 1871, les républicains y présidaient.

Mais si l'on considère quel était l'état du pays et l'état des esprits au 8 février, c'est-à-dire au lendemain de la capitulation de Paris, à ce moment terrible où, croyant tout perdu, chacun s'attendait à voir arriver les bandits prussiens pour incendier, piller et dévaster tout, non ! Des élections faites en pareille circonstance ne peuvent pas avoir été des élections libres, car l'électeur, troublé, dominé et aveuglé par la frayeur, n'avait plus la tête à lui ne possédait plus la tranquillité et la liberté d'esprit nécessaires pour faire un choix politique quelconque pour lui, en ce jour néfaste, il ne s'agissait plus de choisir entre Henry V, Napoléon, d'Orléans ou la République, il s'agissait avant tout de choisir entre la continuation de la guerre ou la conclusion de la paix, entre la mort ou la vie de ses fils, entre leur prochain retour ou leur absence pour longtemps. Réduit à ces deux termes, le choix n'était pas douteux.

Que les royalistes-cléricaux, toujours habiles, aient

saisi l'occasion aux cheveux et aient profité de ces dispositions pour se faire nommer à l'Assemblée, rien de bien étonnant; mais que le peuple ait été dupe de l'artifice, c'est ce qu'on ne peut admettre, et c'est ce dont on a déjà la preuve contraire.

En effet, le menu peuple sait parfaitement qu'au début de la guerre les fils des pauvres familles composaient seuls nos armées, et que les remplacés ou exonérés, et leurs parents se montraient les plus chauds partisans de la guerre contre la Prusse, en haine du protestantisme allemand, et cette guerre les républicains ont tout fait pour l'empêcher, dans l'intérêt de la France et de la République future.

Mais l'appel de tous les mobiles et de tous les mobilisés a eu bientôt modéré les ardeurs belliqueuses des aristocrates qui, *se mariant tard,* se sont trouvés pris à l'improviste, enrégimentés et conduits en présence de l'ennemi. Dès lors on les a vus au plus vite changer de ton et de langage. La veille ils étaient pour la guerre, le lendemain ils étaient pour la paix à tout prix, ce qui prouve que l'abolition du remplacement a du bon, qu'elle favorise et conserve la paix. Donc, voyant leurs fils en danger, ils ont immédiatement cessé de trouver la guerre une belle chose, et ils ont voulu la paix. — Ce sont eux, du reste, qui ont jeté l'indiscipline et le découragement dans nos armées, ne voulant à aucun prix que la victoire profitât à la République.

Le peuple, qui voulait la paix, a donc élu les ex-partisans de la guerre devenus subitement partisans de la paix pour se faire nommer députés, et il les a élus non pour signer une Constitution mais pour signer la paix. Puis dès le 2 juillet, dès le 30 avril, il s'est empressé de leur signifier leur congé, ne voulant entendre parler ni de la Monarchie ni d'Henri V à aucun prix. Voilà pourquoi la France pétitionne : la mission des élus du 8 février étant accomplie, la France veut absolument la dissolution de l'Assemblée qui a signé la paix, pensant avec raison qu'une Constitution républicaine ne peut être faite que par des républicains, et nullement par des henriquinquistes et des philippistes.

CRIS DES CONSERVATEURS DE LA MONARCHIE

Nota. — Le mot *conservateur*, appliqué à la politique, signifie uniquement *qui veut conserver le gouvernement établi,* République ou Monarchie. Par conséquent il ne s'applique nullement à la conservation des intérêts particuliers, c'est-à-dire à la conservation des biens, des meubles, de l'argent, des propriétés.

Ceux qui s'efforcent de donner au mot conservateur cette dernière signification sont tout simplement des *imposteurs.*

Conservons la Monarchie ! c'est-à-dire conservons le pouvoir héréditaire, l'empire, la royauté !

Conservons l'hérédité qui nous a donné dans le passé tant de monarques *incapables* ou *criminels,* tant de rois *fainéants, voleurs* ou *félons,* et qui nous en donnerait encore dans l'avenir.

Conservons la liste civile, la cour et les courtisans !

Conservons les hautes dignités et les gros traitements qui y sont attachés !

Conservons le favoritisme et tous les priviléges !

Conservons nos propriétés dont personne ne veut nous dépouiller !

Conservons nos femmes et nos enfants que personne n'a envie de nous prendre, dont personne ne voudrait se charger!

Conservons la religion que. nous pratiquons le plus souvent aussi mal ou plus mal que nos adversaires !

Conservons la République sans républicains et commettons en son nom toutes sortes de méfaits et de forfaits; c'est le meilleur moyen de la faire détester, de la compromettre et de la détruire.

Conservons les couvents, les congrégations et toutes les *jésuitières* qui abhorrent la liberté, l'égalité et la fraternité, qui prêchent en faveur du *trône* et qui en vivent. — Conservons l'éducation et la domination cléricales, l'union de l'Église avec l'État et surtout le protectorat romain.

Conservons toutes nos habitudes de fourberie, de mensonge, de duplicité, de calomnie !

Conservons surtout l'habitude de traiter nos adversaires de pillards, de voleurs, de fainéants, d'incendiaires, d'hommes de désordre, alors que c'est nous principalement qui sommes des hommes de désordre, que c'est nous qui pillons, qui volons l'État, qui passons notre vie à ne rien faire, et qui, par nos mensonges et nos calomnies, mettons le feu aux quatre coins de la France !

Conservons l'habitude de répandre de faux bruits, de fausses nouvelles, surtout en temps d'élection! en temps de disette et en temps de crise commerciale ou monétaire!

Conservons l'habitude d'*emprunter* pour ne pas *imposer* et de ruiner la France sans qu'elle s'en aperçoive.

Conservons l'habitude de parler lorsque nous devrions nous taire et de nous taire lorsque nous devrions parler beaucoup et franchement, surtout dans nos professions de foi électorales!

Conservons les armées permanentes, les armées nombreuses, qui ruinent le pays, les cinq années de service actif, qui ruinent les familles pauvres et qui perdent la jeunesse, attendu que nous ne pouvons dormir sans savoir notre sommeil protégé par quatre hommes et un caporal!

Conservons un budget de la guerre de 500 millions, attendu que ne voulant pas nous garder nous-mêmes en montant *notre garde* seulement quatre ou cinq fois par année, nous préférons imposer cette rude tâche aux fils des pauvres, maintenus malgré eux à notre service par une discipline de fer!

Conservons le remplacement, conservons l'ancienne organisation militaire, qui nous coûte annuellement 500 millions, qui condamne à l'oisiveté pour cinq ans au moins les plus pauvres, les plus valides et les plus vaillants, et gardons-nous bien d'organiser l'armée républicainement, en n'exigeant qu'une seule année de service dont personne ne pourrait être exempt, sauf les malades et les infirmes!

Conservons l'ignorance électorale qui seule peut nous conserver au pouvoir, tout en feignant de vouloir passionnément l'instruction, que nous nous efforçons de rendre nulle par tous les moyens possibles.

Conservons l'usage des grands mots d'*ordre* et de *tranquillité*, et empêchons les affaires et le travail d'aller, les vins de se vendre, fermant à dessein boutiques, magasins et ateliers.

Conservons l'arbitraire et ne permettons que ce qui sert l'aristocratie et lui est favorable, refusant le même droit et la même liberté à nos adversaires !

Conservons notre fausse *honnêteté* et notre fausse *modération* tout en continuant plus que jamais à être fourbes, hypocrites, malhonnêtes et violents.

Conservons, en un mot, tous les vieux usages, tous les vieux oripeaux, toutes les vieilles défroques, toute la ferraille monarchique, aristocratique et jésuitique.

CRIS DES CONSERVATEURS DE LA RÉPUBLIQUE

Conservons la République pour tous, par conséquent conservons la présidence élective, triennale ou quinquennale !

Conservons à tout jamais l'abolition du pouvoir héréditaire, source de tous les abus, de toutes les gangrènes, de toutes les tyrannies et de toutes les révolutions !

Conservons l'abolition du remplacement militaire, source de notre faiblesse et de notre énervement national, principale cause de tous nos désastres !

Conservons les droits de l'homme et du citoyen, les droits tout puissants et illimités du peuple souverain !

Conservons la liberté de dire, dans l'intérêt de tous, ce qui est vrai, tout ce qui est vrai, mais rien que ce qui est vrai.

Conservons la justice pour tous, l'égalité pour tous, la fraternité pour tous.

Conservons nos habitudes de franchise et de loyauté, n'ayant jamais recours au mensonge et à la calomnie, même envers nos adversaires qui en usent et en abusent à notre égard depuis si longtemps !

Conservons la garde nationale, principale garantie du respect des droits du peuple souverain, qui périt et qui ressuscite ordinairement avec eux, principale ressource en faveur du bon ordre tel qu'il doit être entendu, seule force capable de résister aux ennemis intérieurs et extérieurs de la liberté et de la patrie française !

Conservons notre dévoûment à la France, au bien public ! Conservons notre ardent désir de faire de tous les Français des citoyens éclairés, connaissant leurs droits et leurs devoirs, aptes à les remplir, osant et voulant les remplir.

Conservons l'instruction laïque, gratuite et obligatoire, seul moyen de parvenir à régénérer la France et de la replacer à la tête des nations !

Conservons enfin notre espoir de voir bientôt crouler toutes les Monarchies et de voir établir les États-Unis d'Europe, ce qui mettrait fin à toutes les guerres, à toutes les boucheries humaines dont l'ambition des rois est la seule cause.

EXTRAIT des DIALOGUES POLITIQUES, par XILÉAS

CALOMNIES CONTRE LES RÉUNIONS

Le citoyen Bras-de-Fer. — Et l'exaltation, et l'extravagance, et les menaces, et les excentricités des clubistes?

Le citoyen Marcillac. — Il y a cette différence entre les *gros* et les *petits*, entre les aristocrates et les démocrates, citoyen Bras-de-Fer, que les premiers se réunissent dans des lieux secrets appelés *cercles* ou *salons* où il est bien difficile aux oreilles indiscrètes d'aller entendre et écouter, pour les rapporter et les publier, les jolies choses qui s'y disent sur le compte du menu peuple, — et que les seconds, au contraire, se réunissent publiquement dans de vastes salles où toutes sortes d'oreilles (amies et ennemies) peuvent s'introduire, pour se donner ensuite le malin plaisir, après avoir saisi quelque balourdise au passage, de monter sur les toits, de la publier en tous lieux, d'en faire mille gorges chaudes, et de couvrir de ridicule vingt mille citoyens à cause de la bêtise ou de la folie d'un seul.

La même exaltation existe des deux côtés, encore plus peut-être en haut qu'en bas, les uns tenant à recouvrer tous leurs droits, les autres tenant à conserver et à recouvrer tous leurs priviléges; les uns parlant parfois de décapiter les gros, les autres parlant parfois de mitrailler, de déporter et d'emprisonner les petits; mais rassurez-vous, citoyens, rien de tout cela n'aura lieu : le parti de la République et de la Raison étant le plus fort, saura imposer silence à tous les exaltés, à tous les écervelés, d'ailleurs très-peu nombreux, qu'ils viennent de droite ou de gauche.

LES AGENTS PROVOCATEURS

Le citoyen Xiléas. — Vous avez raison, citoyen Marcillac. Les aristocrates savent parfaitement qu'ils ne sont pas les plus nombreux; et alors, pour suppléer au nombre, ils ont recours à la ruse, à la supercherie, à la fourberie.

Par conséquent, tout ce qui leur sert vient ou peut venir d'eux et doit être mis sur leur compte. L'argent ne leur manquant point, les agents provocateurs ne leur manquent pas non plus; car, pour eux surtout, l'argent, c'est le nerf de la guerre, et ils le font servir le plus souvent à toutes espèces de vilaines choses que je m'abstiendrai de nommer pour ne pas entrer dans de trop longs détails.

En conséquence :

Lorsqu'un inconnu se présente dans une réunion publique et y aborde la tribune en se disant plus républicain que les républicains, et vient conseiller de couper le cou, non pas à tous indistinctement, mais à tous les aristocrates, lorsqu'il vient proposer d'installer la guillotine en permanence sur les places publiques, défiez-vous ! défiez-vous ! puis dites-vous bien : Ou cet homme n'a plus la tête à lui, cet homme est fou, et alors il n'y a pas à s'occuper de ses paroles; ou bien : Cet homme est payé, grassement payé par les ennemis de la République pour tenir un pareil langage, pour faire à la République tout le mal possible. Celui qui assassine, celui qui fusille, celui qui guillotine, celui qui mitraille pour arriver à ses fins, n'est pas un républicain, c'est un bonapartiste : ainsi à fait Bonaparte, *le barbare*, en pleine République, en pleine civilisation, du 2 au 7 décembre 1851.

Lorsqu'un inconnu, sur une place publique, au milieu d'un groupe de vingt à trente personnes, s'écrie avec les accents d'une fausse exaltation : «Dieu a créé la terre pour tous; la terre appartient également à tous; il faut que chacun en possède une part égale; il faut dépouiller ceux qui possèdent au profit de ceux qui ne possèdent pas; il faut biffer d'un seul trait de plume ce que vingt siècles ont établi, » défiez-vous et dites-vous : Cet homme-là n'est plus à lui; cet homme-là a perdu la raison; cet homme-là est fou, ou bien cet homme-là est un misérable, un ennemi du bien public, un ennemi de la République payé par les ennemis de la République, pour faire détester la République et pour empêcher qu'on comprenne ce que c'est que la République.

Lorsqu'un inconnu parcourra dans toute sa longueur la rue Sainte-Catherine, ou toute autre rue fréquentée, en s'écriant : Vive la liberté! par conséquent : Vive le pillage! vive la République! par conséquent : Vive le droit de tout dire et de tout faire! vivent les voleurs! à bas les riches!

il faut en prendre où il y en a! Défiez-vous et dites-vous bien : Ou cet homme est fou, et alors il faut en avoir compassion et le conduire à l'hospice ; ou bien : Cet homme est un ivrogne de profession que le vin a complètement abruti, et il n'y a pas lieu de s'arrêter aux propos d'un homme soûl ; ou bien : Cet homme est un misérable agent provocateur à la solde des ennemis de la République, un ennemi du bien public, un ennemi des pauvres, un ennemi de ceux qui n'ont pas de fortune, un insulteur public des ouvriers à qui on prête méchamment des intentions qu'ils n'ont pas et qu'ils ne peuvent avoir ; celui-là, dis-je, est un ennemi du bon ordre, un ennemi de la liberté, un ennemi de la République, soudoyé par les ennemis de la République, dans le but doublement criminel et doublement odieux d'insulter les pauvres et d'insulter la République, mais surtout de faire haïr la République, de renverser et de détruire la République. Et le devoir de tout bon citoyen, de tout bon républicain, en ce moment-là, est de courir sus à l'incendiaire, de le saisir au collet, de le faire arrêter et incarcérer sur-le-champ, en appelant au secours! s'il ne se trouve pas assez fort pour accomplir seul la besogne, et cela dans l'intérêt du bon ordre et dans l'intérêt de la République, et au grand regret et au grand désappointement de ses adversaires, les monarchistes.

EXTRAIT du PETIT CATÉCHISME RÉPUBLICAIN des ÉTATS-UNIS D'EUROPE

PRIÈRES

III. — LE CREDO RÉPUBLICAIN.

Je crois en la République, personnification du peuple tout entier, riches et pauvres, grands et petits, forts et faibles, jeunes et vieux, savants et ignorants, puissants et impuissants.

Je crois en la République, mère du suffrage universel, fille de Dieu et de la Raison, protectrice et régénératrice des nations, bienfaitrice de l'humanité.

Je crois en la République, image de la nation et non d'un parti, seule garantie d'union et de concorde pour tous devant l'ennemi, institution ayant pour but le bien, le salut et l'intérêt de toutes les familles et non le bien, le salut et l'intérêt d'une seule famille.

Je crois en la République, mère de la Liberté, de l'Égalité et de la Fraternité, — de la Liberté de dire et de publier tout ce qui est vrai, dans l'intérêt de tous ; — de l'Égalité devant la loi, devant la patrie, devant l'impôt du sang ; de l'Égalité des droits et des devoirs ; de l'Égalité devant les faveurs et devant les charges publiques ; de la Fraternité à nous enseignée selon le divin Socrate et le divin Jésus, et qui consiste *à faire à autrui ce que nous voulons qui nous soit fait à nous-mêmes, et à ne pas lui faire ce que nous ne voudrions pas qui nous fût fait;* de la Fraternité des peuples, beaucoup plus sincère, beaucoup plus vraie et beaucoup plus praticable que la Fraternité des rois.

Je crois en la République, mère de la République universelle, mère des États-Unis d'Amérique, des États-Unis d'Europe dans le présent, et dans l'avenir, des États-Unis d'Asie et des États-Unis d'Afrique; institutrice de la paix, de l'union, de la concorde, du progrès et du bonheur social chez tous les peuples, pour tous les hommes de bonne volonté.

Je crois en la République toujours trahie et toujours renaissante, je crois à sa durée, à son succès et à son triomphe définitif par le progrès des lumières et de la raison universelle, par l'intérêt que les peuples ont à l'adopter ou à la conserver, afin de se garantir et de s'abriter contre les révolutions et contre les émeutes, fruits de la folie et des corruptions des rois, de l'incurie de leurs ministres, de l'avidité, de l'insolence et de l'incapacité de leurs courtisans! elle seule peut nous mettre en possession d'une véritable et durable liberté, d'un véritable bien-être, d'une véritable tranquillité, d'une véritable et constante prospérité.

Je crois en la République, dont le sens signifie bien public, chose publique, intérêt public, toute puissance du peuple, souveraineté nationale, gouvernement du pays par le pays; — j'y crois d'autant plus que le peuple sait par expérience qu'il ne peut ni la frapper et la détruire sans se frapper et se détruire lui-même, car la République c'est lui.

Je crois à la République qui réglera équitablement entre les ouvriers et les patrons, entre les propriétaires et les prolétaires les conditions du travail et des droits de chacun ; car si la terre appartient à tous les hommes, ses habitants, si tous ses habitants ont le droit et le devoir de vivre en travaillant, la justice appartient à Dieu et à la République ; — et Dieu et la République sont seuls chargés de rendre ses arrêts et de la faire respecter et par les uns et par les autres.

Ainsi soit-il, trente-huit millions de fois ainsi soit-il !

Lever du Soleil.

4 heures : Tout le mois de juin, du 1er au 10 juillet ; du 25 au 31 mai.

4 h. 1/4 : Du 16 au 25 mai ; du 10 au 18 juillet.

4 h. 1/2 : Du 5 au 16 mai ; du 18 juillet au 5 août.

4 h. 3/4 : Du 25 août au 5 mai ; du 5 août au 15 août.

5 heures : Du 16 avril au 25 avril ; du 15 août au 26 août.

5 h. 1/4 : Du 5 au 16 avril ; du 26 août au 4 septembre.

5 h. 1/2 : Du 1er au 5 avril ; du 4 septembre au 14 septembre.

5 h. 3/4 : Du 25 mars au 5 avril ; du 14 septembre au 24 septembre.

6 heures : Du 18 mars au 25 mars ; du 24 septembre au 7 octobre.

6 h. 1/4 : Du 12 mars au 18 mars ; du 7 octobre au 14 octobre.

6 h. 1/2 : Du 5 au 12 mars ; du 14 octobre au 25 octobre.

6 h. 3/4 : Du 28 février au 5 mars ; du 25 octobre au 4 novembre.

7 heures : Du 16 février au 28 février ; du 4 novembre au 14 novembre.

7 heures 1/4 : Du 10 février au 16 février ; du 14 au 20 novembre.

7 h. 1/2 : Du 28 janvier au 10 février ; du 20 novembre au 4 décembre.

7 h. 3/4 : Du 18 janvier au 28 février ; du 4 décembre au 20 décembre.

8 heures : Du 20 décembre au 18 janvier.

Coucher du Soleil.

4 heures : Du 24 novembre au 30 décembre.

4 h. 1/4 : Du 30 décembre au 19 janvier ; du 12 novembre au 23 novembre.

4 h. 1/2 : Du 10 au 20 janvier ; du 1er novembre au 12 novembre.

4 h. 3/4 : Du 20 au 28 janvier ; du 25 octobre au 1er novembre.

5 heures : Du 28 janvier au 10 février ; du 15 octobre au 25 octobre.

5 h. 1/4 : Du 10 au 17 février ; du 8 octobre au 15 octobre.

5 h. 1/2 : Du 17 février au 24 février ; du 30 septembre au 8 octobre.

5 h. 3/4 : Du 24 février au 1er mars ; du 25 septembre au 30 septembre.

6 heures : Du 1er mars au 20 mars ; du 16 septembre au 25 septembre.

6 h. 1/4 : Du 20 mars au 27 mars ; du 10 septembre au 16 septembre.

6 h. 1/2 : Du 27 mars au 8 avril ; du 4 septembre au 10 septembre.

6 h. 3/4 : Du 8 avril au 18 avril ; du 27 août au 4 septembre.

7 heures : Du 18 avril au 30 avril ; du 20 août au 27 août.

7 h. 1/4 : Du 30 avril au 6 mai ; du 10 août au 20 août.

7 h. 1/2 : Du 6 mai au 20 mai ; du 30 juillet au 10 août.

7 h. 3/4 : Du 20 mai au 30 mai ; du 20 juillet au 30 juillet.

8 heures : Du 30 mai au 20 juillet.

Lever et Coucher de la Lune

PENDANT LA NUIT

1° LEVER DE LA LUNE (1872)

Soir.

De 5 à 6 heures : 26 janvier, 16, 17 novembre, 16 décembre.

De 6 à 7 h. : 27 janvier, 25 mars, 16, 17 septembre, 18, 19 octobre, 18 novembre, 17 décembre.

De 7 à 8 h. : 28 janvier, 23 mars, 22 mai, 13 août, 18, 19, 20 septembre, 20 et 21 octobre, 19 novembre, 18 décembre.

De 8 à 9 h. : 29 janvier, 26 mars, 24 avril, 23 mai, 21 juin, 20 juillet, 19, 20, 21 août, 21, 22 septembre, 22 octobre, 20 novembre, 19 décembre.

De 9 à 10 h. : 1er janvier, 27 mars, 25 avril, 22 juin, 21, 22 juillet, 22, 23, 24 août, 23, 24 septembre, 23 octobre, 21 novembre, 20 décembre.

De 10 à 11 h. : 2 janvier, 30 janvier, 28 mars, 24 mai, 23 juin, 23, 24, 25 juillet, 25, 26 août, 25 septembre, 24 octobre, 22 novembre, 21 décembre.

De 11 h. à minuit : 3 janvier, 31 janvier, 1er février, 29 février, 1er mars, 29 mars, 26 et 27 avril, 25 et 26 mai, 24, 25, 26 juin, 26, 27, 28, 29 juillet, 27, 28 août, 26, 27 septembre, 25 octobre, 23 novembre, 22, 23 décembre.

Matin.

De minuit à 1 heure : 4 janvier, 2 février, 1er et 2 mars, 30 mars, 28 avril, 27, 28 mai, 27, 28, 29, 30 juin, 30, 31 juillet, 29 août, 28 septembre, 26 et 27 octobre, 24, 25 novembre, 23, 24 décembre.

De 1 à 2 h. : 5 janvier, 3 février, 31 mars, 29 avril, 29, 30, 31 mai, 1er, 2 juillet, 1er août, 30 août.

De 2 à 3 h. : 6 janvier, 3 mars, 1er avril, 30 avril, 1er mai, 1er, 2 et 3 juin, 3, 4 juillet, 2 août, 31 août, 29 septembre, 28 octobre, 26 novembre, 25 décembre.

De 3 à 4 h. : 4 février, 4 mars, 2 avril, 2, 3, 4 mai, 4, 5 juin, 5, 6 juillet, 3 août, 1er septembre, 30 septembre, 29 octobre, 27 novembre, 26 décembre.

De 4 à 5 h. : 7 janvier, 5 février, 5 mars, 3, 4 et 5 avril, 5 et 6 mai, 4 août, 2 septembre, 1er octobre, 30 octobre, 28 novembre, 27, 28 décembre.

De 5 à 6 h. : 8 et 9 janvier, 6 février, 6 et 7 mars, 6, 7 et 8 avril, 5 et 6 juin, 3 septembre, 2 octobre, 31 octobre, 29 novembre, 28 décembre.

De 6 à 7 h. : 30 novembre, 29 décembre.

2° COUCHER DE LA LUNE (1872)

Soir.

De 5 a 6 h. : 11 janvier, 9 février, 9 mars, 2 octobre, 2 et 3 novembre, 2, 31 décembre.

De 6 à 7 h. : 12 janvier, 10 février, 7 avril, 1er, 2 septembre, 3 octobre, 4 octobre, 5 octobre, 4 novembre, 3 décembre.

De 7 à 8 h. : 10 mars, 8 avril, 7 mai, 2 et 3 août, 3, 4, 5 septembre, 6, 7 octobre, 5 novembre, 4 décembre.

De 8 à 9 h. : 13 janvier, 11 février, 11 mars, 9 avril, 8 mai, 6 juin, 5 juillet, 4, 5, 6 août, 6, 7 et 8 septembre, 8 octobre, 6 novembre.

De 9 à 10 h. : 14 janvier, 12 février, 12 mars, 10 avril, 9 mai, 7 juin, 6 et 7 juillet, 7, 8 et 9 août, 9 et 10 septembre, 9 octobre, 5 décembre.

Do 10 à 11 h. : 15 janvier, 13 février, 13 mars, 11 avril, 10 mai, 8 juin, 8, 9 et 10 juillet, 10, 11 et 12 août, 11 septembre, 10 octobre, 7 novembre, 6 décembre.

De 11 à 12 h. : 16 janvier, 14 fevrier, 14 mars, 12 avril, 11 mai, 9, 10, 11 et 12 juin, 11, 12, 13, 14 et 15 juillet, 13 et 14 août, 12 septembre, 11 octobre, 8 et 9 novembre, 7 décembre.

Matin.

De 12 à 1 h. : 17 janvier, 15 février, 15 mars, 13 et 14 avril, 12 et 13 mai, 13, 14 et 15 juin, 16, 17 juillet, 15 août, 13 septembre, 12 octobre, 10 novembre, 8 décembre.

De 1 à 2 h. : 18 janvier, 16 février, 16 mars, 15 avril, 14, 15, 16 mai, 16, 17 et 18 juin, 18 juillet, 16 août, 14 septembre, 13 octobre, 9 décembre.

De 2 à 3 h. : 19 janvier, 17 février, 17 mars, 16 avril, 17, 18, 19 mai, 19, 20 juin, 19 juillet, 17 août, 15 septembre, 11 novembre, 10 décembre.

De 3 à 4 h. : 20 janvier, 18 février, 16, 18, 19 mars, 17 avril, 18, 19, 20, 21, 22 mai, 21 juin, 20 juillet, 18 août, 14 octobre, 12 novembre, 11 décembre.

De 4 à 5 h. : 21 janvier, 19 février, 18, 20, 21 mars, 20, 21, 22 avril, 23 mai, 22 juin, 21 juillet, 16 septembre, 15 octobre, 13 novembre, 12 décembre.

De 5 à 6 h. : 22 janvier, 20 février, 22, 23 mars, 23, 24, 25 avril, 24 mai, 19 août, 17 septembre, 16 octobre, 14 novembre.

De 6 à 7 h. : 23 janvier, 21 février, 24, 25, 26 mars, 18 septembre, 15 octobre, 14 novembre, 13 décembre.

Durée des Jours et des Nuits.

NOMBRE D'HEURES ÉCOULÉES
1° DU LEVER AU COUCHER DU SOLEIL,
moyenne prise au 15 de chaque mois.

			MATIN.	SOIR.
GRANDS JOURS	Mai............	(15 h. 10 m.) de	4 h. 21 m.	à 7 h. 32 m.
	Juin............	(16 h. 05 m.) de	3 h. 58 m.	à 8 h. 03 m.
	Juillet	(15 h. 43 m.) de	4 h. 14 m.	à 7 h. 7 m.
JOURS MOYENS (1re série)	Février........	(10 h. 03 m.) de	7 h. 11 m.	à 5 h. 48 m.
	Mars	(11 h. 47 m.) de	6 h. 46 m.	à 6 h. 03 m.
	Avril...........	(13 h. 38 m.) de	5 h. 12 m.	à 6 h. 50 m.
JOURS MOYENS (2e série)	Août	(14 h. 19 m.) de	4 h. 53 m.	à 7 h. 15 m.
	Septembre ...	(12 h. 36 m.) de	5 h. 37 m.	à 6 h. 43 m.
	Octobre.......	(10 h. 19 m.) de	6 h. 21 m.	à 5 h. 40 m.
PETITS JOURS	Novembre....	(8 h. 59 m.) de	7 h. 10 m.	à 4 h. 19 m.
	Décembre....	(8 h. 12 m.) de	7 h. 49 m.	à 4 h. 02 m.
	Janvier........	(8 h. 38 m.) de	7 h. 51 m.	à 4 h. 29 m.

NOMBRE D'HEURES ÉCOULÉES
2° DU LEVER AU COUCHER DE LA LUNE,
calcul fait à l'époque de chaque pleine lune (1872).

			MATIN.	SOIR.
GRANDES NUITS	Novembre....	(14 h. 40 m.) de	4 h. 36 m.	à 7 h. 15 m.
	Décembre	(15 h. 43 m.) de	3 h. 39 m.	à 7 h. 12 m.
	Janvier........	(14 h. 43 m.) de	4 h. 23 m.	à 7 h. 12 m.
NUITS MOYENNES (1re série)	Février........	(13 h. 37 m.) de	5 h. 31 m.	à 7 h. 21 m.
	Mars	(12 h. 37 m.) de	6 h. 09 m.	à 6 h. 26 m.
	Avril...........	(9 h. 59 m.) de	7 h. 08 m.	à 5 h. 07 m.

		MATIN.	SOIR.

NUITS MOYENNES.... (3e série)
{ Août .... (8 h. 08 m.) de 7 h. 35 m. à 3 h. 43 m.
{ Septembre ... (10 h. 45 m.) de 6 h. 45 m. à 5 h. 30 m.
{ Octobre .... (12 h. 33 m.) de 7 h. 08 m. à 5 h. 45 m.

PETITES NUITS.......
{ Mai .... (8 h. 31 m.) de 7 h. 24 m. à 3 h. 55 m.
{ Juin .... (6 h. 49 m.) de 8 h. 53 m. à 3 h. 42 m.
{ Juillet .... (6 h. 51 m.) de 7 h. 35 m. à 2 h. 29 m.

PRINCIPALES PHASES DE LA LUNE

NOUVELLE LUNE

Le 10 janvier,	à 3 h. 7 m. soir.
Le 9 février,	à 2 h. 4 m. matin.
Le 9 mars,	à 4 h. 7 m. soir.
Le 8 avril,	à 0 h. 41 m. matin.
Le 7 mai,	à 4 h. 28 m. soir.
Le 6 juin,	à 0 h. 33 m. matin.
Le 5 juillet,	à 6 h. 31 m. soir.
Le 4 août,	à 9 h. 55 m. matin.
Le 3 septembre,	à 4 h. 3 m. matin.
Le 2 octobre,	à 3 h. 40 m. soir.
Le 1 novembre,	à 0 h. 38 m. matin.
Le 30 novembre,	à 0 h. 44 m. soir.
Le 30 décembre,	à 6 h. 45 m. matin.

PLEINE LUNE

Le 25 janvier,	à 5 h. 24 m. soir.
Le 24 février,	à 11 h. 6 m. matin
Le 25 mars,	à 4 h. 53 m. matin
Le 13 avril,	à 0 h. 47 m. soir.
Le 22 mai,	à 11 h. 18 m. soir.
Le 21 juin,	à 7 h. 7 m. matin
Le 20 juillet,	à 2 h. 3 m. soir.
Le 18 août,	à 9 h. 8 m. soir.
Le 17 septembre,	à 5 h. 44 m. matin
Le 16 octobre,	à 3 h. 44 m. soir.
Le 15 novembre,	à 5 h. 15 m. matin
Le 14 décembre,	à 9 h. 53 m. soir.

FÊTES MOBILES DE 1872

Les Cendres, le 14 février; — Pâques, le 31 mars; — Ascension, le 9 mai; — Pentecôte, le 19 mai; — Fête-Dieu, le 30 mai.

PROGRESSION RAPIDE DE LA DETTE PUBLIQUE FRANÇAISE
inscrite au Grand-Livre de la rente 3 °/₀, 4 1/2 et 5 °/₀.

La Dette française s'élevait :

En 1814, à la fin du premier empire, a environ	800 millions.
En 1815, à la fin des cent-jours, à.....	2 milliards 100 millions, y compris 750 millions d'indemnité aux puissances alliées.
En 1824, à la fin du règne de Louis XVIII, à.....................	2 milliards 500 millions.
En 1830, à la chute de Charles X, à ..	3 milliards 800 millions, y compris le milliard aux émigrés.
En 1848, à la chute de Louis-Philippe, à	5 milliards, y compris le coût des fortifications de Paris, les subventions aux chemins de fer, et les fonds de la Caisse d'épargne disparus.
En 1851, à la fin de la République, assassinée par Bonaparte, à..........	5 milliards, sans augmentation.
En 1870, à la fin du deuxième empire, à	15 milliards 500 millions, sans y comprendre 1 milliard produit par la fabrication des monnaies, la réduction du taux de la rente, et le trafic des exonérations.
En 1871, 1er mars, à la fin de la guerre insensée déclarée à la Prusse par Bonaparte, à..........	23 milliards, y compris 5 milliards à payer à la Prusse, et 2 milliards 500 millions dépensés par la Défense nationale en sus des recettes ordinaires.

Et une dette de 23 milliards exige pour intérêts à 4 1/2 p. °/₀ la somme de 1 milliard 200 millions, c'est-à-dire plus du double de l'impôt foncier payé annuellement par la France. — La République seule n'a pas emprunté. Généreuse jusqu'au bout, elle a remboursé les 200 millions des 45 centimes (une fois payés) par un dégrèvement annuel et perpétuel de 100 millions sur le *sel*.